앤드류 머리와
함께하는
31일 기도 연습

A 31-DAY GUIDE TO PRAYER
by Andrew Murray

This Korean edition ⓒ 2004, 2006, 2018 by Word of Life Press, Seoul, Korea
All rights reserved.
Printed in Korea.

앤드류 머리와 함께하는
31일 기도 연습

ⓒ 생명의말씀사 2004, 2006, 2018

2004년 11월 30일 1판 1쇄 발행
2005년 11월 25일   2쇄 발행
2006년 3월 30일 2판 1쇄 발행
2006년 10월 25일   2쇄 발행
2018년 10월 5일 3판 1쇄 발행

펴낸이 | 김재권
펴낸곳 | 생명의말씀사

등록 | 1962. 1. 10. No.300-1962-1
주소 | 서울시 종로구 경희궁1길 5-9(03176)
전화 | 02)738-6555(본사) · 02)3159-7979(영업)
팩스 | 02)739-3824(본사) · 080-022-8585(영업)

기획편집 | 정설아
디자인 | 박소정, 김혜진
인쇄 | 예원프린팅
제본 | 정문바인텍

ISBN 978-89-04-16637-4 (03230)

저작권자의 허락 없이 이 책의 일부 또는 전체를
무단 복제, 전재, 발췌하면 저작권법에 의해 처벌을 받습니다.

앤드류 머리와 함께하는
31일 기도 연습

홍서현 옮김

A 31-DAY GUIDE TO PRAYER

앤드류 머리

생명의말씀사

A 31-DAY GUIDE TO PRAYER

들어가는 글

 기도란 한마디로 하나님과의 대화를 뜻합니다. 당신이 무엇을 기도하든지 하나님은 항상 당신의 기도를 귀 기울여 들으실 준비를 하고 계십니다. 하나님은 또한 성경을 통해 우리가 어떻게 기도해야 하는지도 가르쳐 주십니다.
 이 책은 믿는 이들이 하나님을 위한 삶을 사는 데 꼭 필요한 기도를 할 수 있도록 도와줄 것입니다. 또한, 기도할 때 필요한 지혜를 얻게 하여 하나님과의 사이가 더욱 가까워지도록 이끌어 줄 것입니다.
 앤드류 머리와 함께 기도의 틀을 성경적으로 세워 보고 이 책에 담긴 말씀을 실행에 옮길 때, 기도의 능력이 삶에 큰 영향을 미치는 은혜로운 경험을 하게 될 것입니다.

CONTENTS

들어가는 글 · 5

DAY 01 성령의 능력 · 8
DAY 02 기도의 영 · 10
DAY 03 지체를 위한 기도 · 12
DAY 04 거룩한 영혼 · 14
DAY 05 예수님의 세 가지 부탁 · 16
DAY 06 하나님의 사랑 · 18
DAY 07 목회자를 위한 기도 · 20
DAY 08 기도로 얻은 은사 · 22
DAY 09 성령님이 함께하시는 선교 · 24
DAY 10 선교사를 위한 기도 · 26
DAY 11 준비된 하나님의 일꾼 · 28
DAY 12 죄에 대한 자각 · 30
DAY 13 죄를 소멸하는 영 · 32
DAY 14 다음 세대를 위한 기도 · 34
DAY 15 학교 교육을 위한 기도 · 36

A 31-DAY GUIDE TO PRAYER

DAY 16 주일학교와 어린이 구원 · 38

DAY 17 지도자들을 위한 기도 · 40

DAY 18 진정한 평화 · 42

DAY 19 성령 충만한 그리스도인 · 44

DAY 20 비그리스도인들을 위한 기도 · 46

DAY 21 유대인들을 위한 기도 · 48

DAY 22 고통받는 이웃을 위한 기도 · 50

DAY 23 일 가운데 역사하시는 하나님 · 52

DAY 24 교회와 목회자를 위한 기도 · 54

DAY 25 기독교의 부흥 · 56

DAY 26 초신자를 위한 기도 · 58

DAY 27 하나님의 축복 · 60

DAY 28 성령의 역사를 경험하는 삶 · 62

DAY 29 기도의 능력 · 64

DAY 30 하나님의 말씀과 함께하는 성령 · 66

DAY 31 포도나무와 가지 · 68

부록_ 기도의 원리와 방법 · 71

DAY 01

성령의 능력

이러므로 내가……아버지 앞에 무릎을 꿇고 비노니……그의 성령으로 말미암아 너희 속사람을 능력으로 강건하게 하시오며(엡 3:14-16)

아버지께서 약속하신 것을 기다리라(행 1:4)

하나님은 성령의 넘치는 은혜와 풍성한 힘으로 하나님의 뜻을 거스르는 모든 것을 없애십니다. 그리고 교회 안에 큰 능력을 발휘하심으로 우리가 그리스도를 찬미하게 하시며, 모든 영혼을 축복해 주십니다. 하나님은 고귀한 독생자 예수님께, 그리고 그 예수님을 통하여 한 가지 약속을 하십니다. 하나님은 또 하나님의 교회에 한 가지 선물을 주십니다. 이것은 물론 교회가 필요로 하는 것입니다. 모든 기도는 바로 이러한 성령님의 능력 안에서 하나로 합쳐집니다. 성령의 능력을 구하는 기도를 당신의 기도 제목으로 삼으십시오.

PRAYER NOTE

DAY 02

기도의 영

성령이 말할 수 없는 탄식으로 우리를 위하여 친히 간구하시느니라(롬 8:26)

내가……은총과 간구하는 심령을 부어 주리니(슥 12:10)

성령님은 하나님의 자녀들 마음속에 임재하셔서 함께 기도해 주십니다. 하나님은 우리의 영혼이 성령님의 능력으로 충만해지길 기다리십니다. 자신을 위해서, 또한 당신과 함께하는 모든 사람을 위해서 기도의 영이 넘치기를 구하십시오. 그리고 자신의 기도 생활을 위해서도 기도의 영을 구하십시오.

PRAYER NOTE

DAY 03

지체를 위한 기도

**모든 기도와 간구를 하되 항상 성령 안에서 기도하고 이를 위하여
깨어 구하기를 항상 힘쓰며 여러 성도를 위하여 구하라**(엡 6:18)

우리 몸의 각 지체는 몸 전체의 건강을 위해서 각기 주어진 역할을 하고 있으며, 또한 지체 간에 서로를 채워 가며 공존하고 있습니다. 이와 마찬가지로 성도들도 서로를 지탱해 주고 의지하면서 하나의 몸을 이룹니다. 진정한 그리스도인이라면 자신만의 유익을 위해서가 아니라 먼저 성도들을 위해서 기도할 줄 알아야 합니다. 이런 크고 헌신적인 사랑은, 예수님의 영과 사랑이 성도들에게 기도하라고 가르치고 계신다는 것을 증거합니다. 먼저 성도들을 위해서 기도하십시오. 그리고 주위 사람들을 위해서도 기도하십시오.

PRAYER NOTE

DAY 04

거룩한 영혼

**평강의 하나님이 친히 너희를 온전히 거룩하게 하시고
또 너희의 온 영과 혼과 몸이 우리 주 예수 그리스도께서 강림하실 때에
흠 없게 보전되기를 원하노라**(살전 5:23)

우리 하나님은 거룩하십니다. 그리고 거룩하신 하나님의 사람 역시 거룩합니다. 하나님은 "나는 거룩하다. 나는 너희를 거룩하게 하는 하나님이다."라고 말씀하셨습니다. 그리스도께서는 "이들을 신령하게 하소서. 당신의 진리를 통하여 이들을 거룩하게 하소서."라고 기도하셨습니다. 사도 바울 역시 하나님이 주시는 거룩함을 위하여 "주여, 이들의 마음을 성결하게 하소서."라고 기도했습니다.

평강의 하나님은 당신의 죄를 온전히 사하십니다! 성령님이 교회를 통해 모든 성도와 하나님의 신령한 자들을 다스리시길 기도하십시오. 특히 새로 주님을 영접한 성도들을 위해 기도하십시오. 이웃이나 회중을 위해서도 기도하십시오. 특별히 그들의 부족한 점이나 연약함, 또는 그들의 죄악에 대해 생각하십시오. 그리고 하나님이 그들의 죄를 사하시고 거룩한 영혼들로 새롭게 태어나게 하시길 기도하십시오.

# PRAYER NOTE

DAY 05

예수님의 세 가지 부탁

**거룩하신 아버지여 내게 주신 아버지의 이름으로 그들을 보전하사……
내가 비옵는 것은 그들을 세상에서 데려가시기를 위함이 아니요
다만 악에 빠지지 않게 보전하시기를 위함이니이다 내가 세상에 속하지
아니함같이 그들도 세상에 속하지 아니하였사옵나이다**(요 17:11, 15-16)

십자가에 못 박히시기 전날 밤, 예수님은 제자들에게 세 가지 부탁을 하셨습니다. 첫 번째는 그들이 세상에 속하지 않기를, 두 번째는 그들이 신성해지기를, 그리고 마지막으로는 그들이 사랑으로 하나가 되기를 부탁하셨습니다. 예수님이 돌아가시기 전에 부탁하신 이 세 가지를 위해 기도하십시오. 하나님의 사람들이 세상적인 것에서 멀어질 수 있도록, 그들이 성령님 안에서만 살아갈 수 있기를……

PRAYER NOTE

DAY 06

하나님의 사랑

우리가 하나가 된 것같이 그들도 하나가 되게 하려 함이니이다 곧 내가 그들 안에 있고 아버지께서 내 안에 계시어 그들로 온전함을 이루어 하나가 되게 하려 함은 아버지께서 나를 보내신 것과 또 나를 사랑하심같이 그들도 사랑하신 것을 세상으로 알게 하려 함이로소이다……나를 사랑하신 사랑이 그들 안에 있고 나도 그들 안에 있게 하려 함이니이다(요 17:22-23, 26)

성령의 열매는 사랑(갈 5:22)

예수님이 하나님과 하나이듯이 믿는 자들은 그리스도 안에서 하나가 됩니다. 그리고 하나님의 사랑은 항상 그들과 함께하십니다. 성령님의 능력으로 모든 믿는 자들의 마음에 하나님의 사랑을 심는 역사가 이루어지길, 그리고 세상이 우리 믿는 자들 안에서 하나님의 사랑을 보고 그런 하나님의 사랑을 알 수 있도록 기도하십시오.

PRAYER NOTE

DAY 07

목회자를 위한 기도

> 형제들아 내가 우리 주 예수 그리스도와 성령의 사랑으로 말미암아
> 너희를 권하노니 너희 기도에 나와 힘을 같이하여
> 나를 위하여 하나님께 빌어(롬 15:30)
>
> 이후에도 건지시기를 그에게 바라노라
> 너희도 우리를 위하여 간구함으로 도우라(고후 1:10-11)

교회를 운영하는 것은 목회자들입니다. 그런 그들이 성령님의 능력으로 옷 입고 있으면 그들의 능력 역시 그만큼 커집니다. 그리고 그 힘은 그들이 교회와 성도들을 위하여 기도할 때나 하나님의 복음을 전할 때 그 진가를 발휘하게 됩니다. 당신의 목사님을 생각하며 그분에게 성령의 능력이 충만하기를 간구하십시오. 목회하시는 분들은 당신과 그리스도를 잘 알지 못하는 모든 사람을 하나님의 사랑으로 채워 주시는 분들입니다. 그들 역시 성령 충만을 위해서는 당신의 기도가 필요합니다.

그분들에게 하나님의 약속이 이루어지길 간구하십시오.

- 하늘로부터 능력의 옷을 입을 때까지 기다리라. 성령님이 임재하시면 그때 능력을 받을 것이니라.

PRAYER NOTE

DAY 08

기도로 얻은 은사

너희도 우리를 위하여 간구함으로 도우라 이는 우리가 많은 사람의 기도로 얻은 은사로 말미암아 많은 사람이 우리를 위하여 감사하게 하려 함이라(고후 1:11)

수많은 사람이 세상 여러 곳에서 교회와 전도 사역과 관련하여 일하고 있습니다. 그들은 철도원이나 우체부이기도 하고, 혹은 육군이나 해군 병사이기도 합니다. 그들은 청춘 남녀이기도 하고, 타락한 사람일 수도 있으며, 또는 가난하고 병든 사람이기도 합니다.

하나님의 축복이 그들과 함께하기를!

그들의 삶이 성령 충만하다면 무엇인들 이루지 못하겠습니까!

지금 이 순간에도 열심히 일하고 있을 그들을 위해 기도하십시오. 당신의 기도는 당신을 그들 곁에 함께하는 동반자가 되게 합니다. 그리고 언제, 어디서나 하나님의 은혜의 말씀을 들을 때, 당신은 하나님을 찬양하게 될 것입니다.

PRAYER NOTE

DAY 09

성령님이 함께하시는 선교

주를 섬겨 금식할 때에 성령이 이르시되 내가 불러 시키는 일을 위하여 바나바와 사울을 따로 세우라 하시니 이에 금식하며 기도하고 두 사람에게 안수하여 보내니라 두 사람이 성령의 보내심을 받아 실루기아에 내려가(행 13:2-4)

이 세상의 복음 전도는 기도의 부흥으로부터 시작됩니다. 믿지 않는 자들은 육체적 욕망보다 더 깊은 곳에 있는 그들의 빈 영혼을 채워 줄 무언가에 목말라 있습니다. 그들의 빈 곳을 성령님으로 채우기 위해서는 당신의 간곡한 기도가 필요합니다.

우리의 선교 사역이 성령님 안에서 온전히 이루어지도록 기도하십시오. 하나님이 오시기를 기다리며 성령님의 음성을 듣고 금식과 기도로 파송하십시오. 교회 안에서 선교에 관한 관심과 그 사역이 성령님과 기도의 능력으로 이루어지도록 기도하십시오. 성령 충만한 선교사의 파송은 바로 성령 충만하여 기도에 힘쓰는 교회가 할 수 있는 것입니다.

PRAYER NOTE

DAY 10

선교사를 위한 기도

**오직 성령이 너희에게 임하시면 너희가 권능을 받고……
땅끝까지 이르러 내 증인이 되리라 하시니라**(행 1:8)

지금 세상에 필요한 것은 더 많은 수의 선교사가 아닙니다. 그것보다 절실한 것은 바로 그들이 선교 활동할 때 필요한 성령님의 임하심입니다.

하나님은 그의 일꾼들이 하나님의 일을 할 때 그에 필요한 힘을 주십니다. 타락한 이 세상에서 사람들 속에 있는 사탄을 물리치는 일은 결코 쉬운 일이 아닙니다.

지금 어디에선가 열심히 하나님의 복음을 전하고 있을 선교사들을 위해서 기도하십시오. 그들은 성령님의 부르심을 받고 이 세상을 하나님의 사랑으로 채우기 위해 힘들게 일하고 있는 그리스도의 일꾼들입니다. 그들이 선교 활동을 할 때 항상 성령 충만하기를, 그래서 이 세상에서 방황하고 있는 영혼들이 성령님을 받아들일 수 있기를 기도하십시오.

당신이 지금 외딴 선교지에서 선교 활동을 하고 있다면 얼마나 힘들지 한번 생각해 보십시오. 선교 사역자들을 위한 기도에 힘쓰십시오.

PRAYER NOTE

DAY 11

준비된 하나님의 일꾼

**그러므로 추수하는 주인에게 청하여
추수할 일꾼들을 보내 주소서 하라 하시니라(마 9:38)**

  예수님의 제자들은 필요한 것이 있을 때마다 예수님께 도움을 청했고, 예수님은 그런 그들의 요청을 들어주셨습니다. 이렇듯이 예수님은 우리의 기도를 들어주길 원하십니다.

  지금 세상에 나가 하나님의 일을 하는 일꾼들을 위해서 기도하십시오. 신학교에서 신학을 공부하는 학생들이 진정으로 하나님의 부르심을 받고 세상에 부흥을 일으킬 수 있도록, 당신의 교회가 하나님의 일꾼을 훈련할 때 그들이 성령 충만하기를, 그리고 모든 믿는 자들이 언제든지 세상에 나아가 하나님의 복음을 전할 수 있도록 준비되기를 기도하십시오.

PRAYER NOTE

DAY 12

죄에 대한 자각

내가 그를 너희에게로 보내리니 그가 와서 죄에 대하여, 의에 대하여, 심판에 대하여 세상을 책망하시리라(요 16:7-8)

하나님은 사람들의 죄를 씻어 내기 위해서 예수 그리스도를 이 세상에 보내셨습니다. 죄를 씻어 내려면 먼저 자신이 죄인임을 깨달아야 합니다. 죄의 자각 없이는 어떠한 부흥과 변화도 일어날 수 없습니다. 믿는 자들이 세상에 복음을 전할 때 성령님이 함께 임하셔서 세상의 믿지 않는 자들의 눈과 귀와 마음이 열릴 수 있도록, 그래서 그들이 자신들의 죄를 깨닫고 회개할 수 있도록 기도하십시오.

PRAYER NOTE

DAY 13

죄를 소멸하는 영

> 시온에 남아 있는 자…… 기록된 모든 사람은 거룩하다 칭함을 얻으리니
> 이는 주께서 심판하는 영과 소멸하는 영으로 시온의 딸들의 더러움을 씻기시며
> 예루살렘의 피를 그중에서 청결하게 하실 때가 됨이라(사 4:3-4)

불로 씻음이여! 심판으로 청결하게 함이여!

누구든 불과 심판으로 죄를 씻어 낸 자는 거룩하다 칭함을 받게 될 것입니다. 세상을 축복하는 능력과 중보 기도가 응답받는 능력은 교회의 영적 상태에 달려 있습니다. 그리고 그 능력은 사람들이 죄를 깨닫고 이를 씻어 낼 때만 더욱 충만해질 수 있습니다. 심판은 하나님의 집, 즉 교회로부터 시작되어야 합니다. 그리고 사람들이 거룩해지기 위해서는 회개와 죄 사함이 필요합니다. 하나님이 심판하는 영과 소멸하는 영을 주사 이 세상 사람들의 죄를 씻으시고 청결하게 하시기를 간구하십시오.

PRAYER NOTE

DAY 14

다음 세대를 위한 기도

그들의 조상들 곧 완고하고 패역하여 그들의 마음이 정직하지 못하며
그 심령이 하나님께 충성하지 아니하는 세대와 같이 되지 아니하게 하려
하심이로다(시 78:8)

나의 영을 네 자손에게, 나의 복을 네 후손에게 부어 주리니(사 44:3)

다음 세대를 이어 갈 청년층을 위해 기도하십시오. 젊은이들과 어린이들, 그리고 그들이 몸담은 협회, 지역 사회, 노동조합과 가정과 학교를 위해서 기도하십시오. 그리스도께서 영광 받으시고 성령님께서 그들을 취하실 것입니다. 당신 이웃의 젊은이들을 위해 기도하십시오.

 **PRAYER NOTE**

DAY 15

학교 교육을 위한 기도

**여호와께서 이르시되 내가 그들과 세운 나의 언약이 이러하니
곧 네 위에 있는 나의 영과 네 입에 둔 나의 말이 이제부터 영원하도록
네 입에서와 네 후손의 입에서와 네 후손의 후손의 입에서 떠나지 아니하리라
하시니라 여호와의 말씀이니라**(사 59:21)

교회와 세상의 미래는 바로 교육에 달려 있습니다. 그러나 세상 사람들은 이 중요한 사실을 잘 깨닫지 못하는 경우가 많습니다. 교회가 이방인들을 전도하려 애쓰면서도 정작 자기 자녀들에게 소홀해져서 자녀들을 세속적이고 물질주의적인 세상에 내버려 두기도 합니다.

학교를 위해 기도하고, 하나님의 자녀들을 돌보는 것이 교회의 중요한 의무임을 교회가 깨닫고 이를 잘 행할 수 있도록 기도하십시오. 또한, 선생님들이 깊은 믿음을 가질 수 있도록 기도에 힘쓰십시오.

PRAYER NOTE

DAY 16

주일학교와 어린이 구원

**여호와가 이같이 말하노라 용사의 포로도 빼앗을 것이요
두려운 자의 빼앗은 것도 건져낼 것이니 이는 내가 너를 대적하는 자를 대적하고
네 자녀를 내가 구원할 것임이라**(사 49:25)

교회에서 하는 모든 일은 하나님의 일입니다. 그러므로 교회의 일은 하나님이 하셔야만 합니다. 기도란 우리가 하나님께 항복하고 우리 자신을 하나님의 손에 맡김으로 하나님이 우리 안에서 우리를 통해 역사하실 것임을 고백하는 것입니다.

세상의 수많은 주일학교 선생님들을 위해 하나님이, 하나님을 아는 그들을 성령으로 채워 주시길 기도하십시오. 교회의 주일학교를 위해서도 기도하고, 어린이들의 구원을 위해서도 기도하십시오.

PRAYER NOTE

DAY 17

지도자들을 위한 기도

그러므로 내가 첫째로 권하노니 모든 사람을 위하여 간구와 기도와 도고와 감사를 하되 임금들과 높은 지위에 있는 모든 사람을 위하여 하라 이는 우리가 모든 경건과 단정함으로 고요하고 평안한 생활을 하려 함이라(딤전 2:1-2)

기도의 능력에 대한 믿음이여!

옛 로마 시대에 연약하고 멸시받던 몇 안 되는 그리스도인들이 강한 권좌에 있는 로마 황제를 움직여 평화와 고요함을 가져왔습니다! 기도는 곧 하나님이 이 세상을 통치할 때 우리에게 주신 능력임을 믿으십시오.

나라와 지도자들, 나아가 이 세상의 모든 지도자를 위해서 기도하십시오. 하나님의 사람들이 하나가 될 때, 그 기도는 보이지 않는 곳에서 생각했던 것보다 더욱 큰 힘을 발휘할 것입니다. 이 사실을 빨리 깨닫고 믿으십시오.

 PRAYER NOTE

DAY 18

진정한 평화

그러므로 내가 첫째로 권하노니……
임금들과 높은 지위에 있는 모든 사람을 위하여 하라 이는 우리가
모든 경건과 단정함으로 고요하고 평안한 생활을 하려 함이라(딤전 2:1-2)

그가 땅끝까지 전쟁을 쉬게 하심이여 활을 꺾고 창을 끊으며
수레를 불사르시는도다(시 46:9)

군사력 증강에서 나라의 긍지를 찾으려 하다니, 이 얼마나 끔찍한 모습입니까! 흉악하게도 호시탐탐 전쟁을 일으키려고 집착하고 있으니, 이 얼마나 끔찍한 생각입니까! 전쟁으로 인한 고통과 슬픔이 얼마나 큽니까! 하나님은 그분의 백성의 기도에 응답하사 이 세상에 평화를 주실 수 있습니다. 세상의 평화를 위해서, 이런 평화가 깃들게 할 수 있는 단 하나뿐인 기반인 정의로운 통치가 이루어지도록 기도하십시오.

PRAYER NOTE

DAY 19

성령 충만한 그리스도인

**경건의 모양은 있으나 경건의 능력은 부인하니
이 같은 자들에게서 네가 돌아서라**(딤후 3:5)

네가 살았다 하는 이름은 가졌으나 죽은 자로다(계 3:1)

세상에는 그리스도인이라 불리는 사람들이 참 많습니다. 그러나 그들 대부분은 영적으로 이루 말할 수 없이 심각한 상태에 있습니다. 율법에 얽매이거나 세상적이어서 하나님을 경외하지 않거나 예배를 거부하기도 합니다. 또 무지하기도 하고 무관심하기까지 한데, 그 심각한 정도가 상당한 수준에 이르렀습니다.

우리는 비그리스도인들을 위해서 기도하면서도, 그리스도의 이름을 가지고 있으나 믿지 않는 자보다 더한 어둠에 거하고 있는 이들을 위해서도 더욱 열심히 기도해야 합니다. 그들이 세상적인 어두운 삶을 버리고 영혼의 구원에 갈급함을 갖도록 낮이나 밤이나 하나님께 간절히 기도해야 합니다. 하나님은 기도에 응답하사 성령의 능력을 주실 것입니다.

PRAYER NOTE

DAY 20

비그리스도인들을 위한 기도

**어떤 사람은 먼 곳에서, 어떤 사람은 북쪽과 서쪽에서,
어떤 사람은 시님 땅에서 오리라**(사 49:12)

**고관들은 애굽에서 나오고 구스인은 하나님을 향하여
그 손을 신속히 들리로다**(시 68:31)

나 여호와가 속히 이루리라(사 60:22)

아직까지 하나님의 말씀을 모르고 사는 비그리스도인들을 위해서 기도하십시오. 중국 땅에 비그리스도인의 숫자가 십억 명에 달하고 그 땅에서 매달 수백만 명씩 하나님을 모른 채 죽어가고 있다고 생각해 보십시오. 또 아프리카 땅에도 하나님을 모른 채 어둠 속에 살고 있는 이들이 수억 명에, 매년 수천만 명씩 새로 태어나 암흑의 세계로 빠져 들어가고 있는 것을 생각해 보십시오. 예수님이 그들을 위해 목숨을 바치셨다면 우리도 그렇게 해야 하지 않을까요?

하루에 십 분씩만 그들을 위해 기도해 주십시오. 곧 십 분만으로는 모자라다는 것을 깨닫게 될 것입니다. 그리고 하나님의 영이 여러분을 이끌어 주실 것입니다. 끝까지 포기하지 말고 기도하십시오. 기도가 필요한 나라와 종족을 알려 주시길 기도하십시오.

PRAYER NOTE

DAY 21

유대인들을 위한 기도

내가 다윗의 집과 예루살렘 주민에게 은총과 간구하는 심령을 부어 주리니 그들이 그 찌른 바 그를 바라보고 그를 위하여 애통하기를 독자를 위하여 애통하듯 하며 그를 위하여 통곡하기를 장자를 위하여 통곡하듯 하리로다 (슥 12:10)

형제들아 내 마음에 원하는 바와 하나님께 구하는 바는 이스라엘을 위함이니 곧 그들로 구원을 받게 함이라(롬 10:1)

유대인들을 위해서 기도하십시오. 유대인들이 그들 조상의 하나님께로 돌아온다는 것은, 그것이 어떻게 이루어질지 우리는 알 수 없지만, 교회에 굉장한 축복이요, 또한 우리 주 예수 그리스도의 재림과도 관련 있는 일입니다.

하나님이 이 모든 것을 미리 정해 놓으셔서 유대인들이 좀 더 빨리 하나님께로 돌아올 수 없다고 생각하지 마십시오. 하나님은 당신의 약속이 우리의 기도와 함께 이루어지도록 거룩하고 신비한 방법으로 이를 연결해 놓으셨습니다. 우리 안에서 하나님의 영이 이를 위해 기도하시는 것이 바로 하나님의 축복을 예고하는 것입니다. 이스라엘과 그들이 저지른 일들을 위해 기도하십시오.

PRAYER NOTE

DAY 22

고통받는 이웃을 위한 기도

너희도 함께 갇힌 것같이 갇힌 자를 생각하고 너희도 몸을 가졌은즉 학대받는 자를 생각하라(히 13:3)

우리는 참으로 역경과 고통이 많은 세상에 살고 있습니다. 예수님은 어떻게 모든 것을 버리셨고, 또 어떻게 예수님 자신을 산 재물로 드리셨을까요? 우리도 우리에게 주어진 분량대로 예수님을 따릅시다.

학대받는 스툰테파(1860년경 남러시아 농민의 반정교〈反正敎〉의 일파)와 아르메니아인과 유대인들, 굶어 죽어 가는 수만 명의 인도인들, 아프리카의 숨겨진 노예들, 궁핍하고 빈곤에 찌든 대도시의 사람들, 그 외에도 수많은 사람이 고통 속에 살고 있습니다.

하나님을 아는 이들과 그렇지 못한 이들에게는 어떤 고통이 있을까요? 그리고 작은 세계인 만 가구 정도의 동네에서는 어떤 슬픔을 겪을까요? 가깝게는 우리의 이웃 중에도 우리의 도움이 필요한 사람이 얼마나 있을까요? 그들이 겪고 있는 고통을 생각해 보십시오. 그들을 위해 기도하고 싶은 마음이 들게 될 것입니다. 또한, 그들을 위해 일하고 희망을 가지며 그들을 더욱 사랑으로 감싸 안고 싶어질 것입니다. 하나님은 우리가 알지 못하는 때에 알지 못하는 방법으로 우리의 기도를 들어주십니다.

 **PRAYER NOTE**

일 가운데 역사하시는 하나님

이를 위하여 나도 내 속에서 능력으로 역사하시는 이의 역사를 따라 힘을 다하여 수고하노라(골 1:29)

우리에게는 각자의 일이 있습니다. 항상 기도하는 마음으로 그 일을 하십시오. 사도 바울은 하나님이 사도 바울 자신 안에 역사하시도록 열심을 다했습니다. 하나님은 창조주이실 뿐만 아니라 모든 일을 다 하시는 분이라는 것을 기억하십시오. 하나님이 하나님 자신의 능력으로 성령님을 통해서 역사하실 때에만 당신의 뜻하는 일을 이루어 낼 수 있습니다. 당신과 같이 일하는 동료들을 위해서도 기도하십시오. 그리고 지금 하나님의 교회에 몸담은 모든 사람을 위해 기도하십시오.

PRAYER NOTE

DAY 24

교회와 목회자를 위한 기도

예루살렘에서 시작하여(눅 24:47)

 우리 각자 한 사람 한 사람은 교회나 믿는 이들의 모임에 속해 있습니다. 함께 믿는 자들은 서로를 그리스도와 한층 더 가깝게 해줄 수 있는 지체들입니다. 그들은 당신이 특별히 자신들을 위해 기도해 주길 청하곤 할 것입니다.

 그들이 청한 것들을 하나님과 당신 사이의 확실한 기도 제목으로 정하여 기도에 힘쓰십시오. 목회자를 비롯하여 교회의 모든 지도자와 성도들을 위해서 기도하십시오. 믿는 사람들의 원하는 바가 이루어지길 기도하십시오. 또한, 믿지 않는 자들이 예수님을 영접하고 성령님의 능력이 그들에게 확실히 나타나길 기도하십시오. 다른 이들과 합심하여 은밀하게 그리고 명확한 제목을 갖고 기도하십시오. 주위 사람들과 함께 규칙적으로 기도하십시오. 하나님의 응답을 기다리면서 말입니다.

PRAYER NOTE

DAY 25

기독교의 부흥

그러므로 자기를 힘입어 하나님께 나아가는 자들을 온전히 구원하실 수 있으니 이는 그가 항상 살아 계셔서 그들을 위하여 간구하심이라(히 7:25)

우리는 오로지 기도하는 일과 말씀 사역에 힘쓰리라 하니……하나님의 말씀이 점점 왕성하여 예루살렘에 있는 제자의 수가 더 심히 많아지고(행 6:4, 7)

그리스도의 온전한 구원의 힘의 근본은 멈추지 않은 기도에 있었습니다. 그리스도의 제자들 역시 다른 일을 떠나 기도에 몰두했고, 그들을 따라 기도하는 자의 수가 몇 배로 늘어났습니다. 우리가 열심히 주께 간구할 때 더 크고 강력하게 복음이 전파될 것입니다. 이것을 위해 기도합시다.

사람들이 회개할 때 하나님은 기뻐하십니다. 교회는 개종이라는 신성한 목적과 약속으로 존재합니다. 당신의 죄와 연약함을 하나님께 고백하는 것을 부끄럽게 생각하지 말고 기독교 국가들은 물론이요, 비기독교 국가에 사는 이들 중에 더 큰 기독교의 부흥이 일어나기를 기도하십시오. 그리고 당신이 사랑하는 사람들이 그리스도인이 되도록 기도하십시오. 죄인들의 구원을 간구하십시오.

# PRAYER NOTE

DAY 26

초신자를 위한 기도

베드로와 요한을 보내매 그들이 내려가서 그들을 위하여 성령 받기를 기도하니 (행 8:14-15)

우리를 너희와 함께 그리스도 안에서 굳건하게 하시고 우리에게
기름을 부으신 이는 하나님이시니 그가 또한 우리에게 인치시고 보증으로
우리 마음에 성령을 주셨느니라 (고후 1:21-22)

그리스도인으로 새롭게 태어난 사람들 가운데 얼마나 많은 이가 그들의 나약함에서 벗어나지 못하고 죄의 길로 빠져듭니까? 그리고 얼마나 많은 이가 어렵게 얻은 기독교 신앙을 버리고 다시 예전으로 돌아가 버립니까?

교회와 교회의 신성한 성장 그리고 하나님께 헌신하는 예배를 위해서 기도할 때, 특히 새롭게 기독교를 택한 새내기 그리스도인들을 위해서 기도해야 합니다. 얼마나 많은 초신자가 홀로 유혹과 맞닥뜨리고 있으며, 성령이나 그들을 세우신 하나님의 능력에 대해 배우지 못한 채 사탄의 힘에 둘러싸여 있습니까? 교회에서 성령님의 능력을 구하는 기도를 할 때, 특히 초신자들이 그들도 간구하면 성령의 능력으로 채워질 수 있다는 것을 깨닫도록 기도하십시오.

 PRAYER NOTE

DAY 27

하나님의 축복

**내가 너로 큰 민족을 이루고 네게 복을 주어……너는 복이 될지라……
땅의 모든 족속이 너로 말미암아 복을 얻을 것이라 하신지라**(창 12:2-3)

**하나님은 우리에게 은혜를 베푸사 복을 주시고 그의 얼굴 빛을 우리에게 비추사
주의 도를 땅 위에, 주의 구원을 모든 나라에게 알리소서**(시 67:1-2)

아브라함은 그가 이 세상 복의 근원이 되리라는 하나님의 축복을 받았습니다. 이스라엘은 이 세상에 하나님을 알 수 있는 은총이 베풀어지기를 기도했습니다. 모든 믿는 자는 하나님의 은총을 세상에 전할 수 있는 복을 받았고, 그 축복은 아브라함이 하나님께 받은 축복만큼이나 큰 것입니다.

하나님의 백성이 이것을 알 수 있도록, 그리고 그들이 하나님과 그의 나라를 위해서 살 수 있도록 하나님께 기도하십시오. 이 진리가 세상에 널리 전해지고 사람들이 이것을 믿고 행할 때, 그것은 우리의 사역에 큰 변화를 가져올 것입니다. 그리고 우리는 많은 기도의 도움을 받게 될 것입니다. 부디 성령의 능력으로 하나님이 역사하시길 기도하십시오.

PRAYER NOTE

DAY 28

성령의 역사를 경험하는 삶

그는 진리의 영이라 세상은 능히 그를 받지 못하나니……그러나 너희는 그를 아나니 그는 너희와 함께 거하심이요 또 너희 속에 계시겠음이라(요 14:17)

**너희 몸은 너희가 하나님께로부터 받은바
너희 가운데 계신 성령의 전인 줄을 알지 못하느냐**(고전 6:19)

성령님은 사람들을 구원하는 하나님의 능력입니다. 그는 교회에 거할 때만 역사하십니다. 성령님은 믿는 이들이 하나님이 자신을 완전하게 구원하셨음을 충분히 경험하고 이를 간증하면서 하나님이 원하신 바대로 온전히 살 수 있도록 도와주십니다.

하나님의 백성이 성령님을 알고 느낄 수 있도록 기도하십시오. 그들이 성령 충만해지기 전에는 하나님이 뜻하시는 대로 살 수 없다는 것을 깨닫도록 기도하십시오. 그리고 그들이 함께 모인 자리에서 "나는 성령님이 살아서 역사하고 계심을 믿습니다."라고 자신 있게 말할 수 있도록 기도하십시오.

PRAYER NOTE

DAY 29

기도의 능력

내가 너희를 택하여 세웠나니 이는 너희로 가서 열매를 맺게 하고
또 너희 열매가 항상 있게 하여 내 이름으로 아버지께 무엇을 구하든지
다 받게 하려 함이라(요 15:16)

지금까지는 너희가 내 이름으로 아무것도 구하지 아니하였으나……
그날에 너희가 내 이름으로 구할 것이요(요 16:24, 26)

기도 학교는 우리가 얼마나 예수님의 이름으로 기도하지 않는지를 가르쳐 줍니다. 예수님은 제자들에게 "그날에 성령이 임하실 때 너희가 내 이름으로 구할 것이다."라고 약속하셨습니다.

수많은 사람이 기도 능력의 부족함을 한탄하고 있지 않습니까? 지금 우리의 기도가 그들과 하나님의 모든 자녀를 위한 기도가 되도록 하십시오. 그리스도께서 성령님이 우리와 항상 함께하고 계신다는 사실을 깨우쳐 주시고, 성령 충만해서 주의 일을 위해 기도하며 산다는 것이 무엇인지도 가르쳐 주시도록 기도하십시오. 교회와 세상은 그 무엇보다도 하나님의 능력을 세상에 내리시는 강력한 기도의 영이 필요합니다. 천국에서 기도의 영이 강림하사 크나큰 기도의 부흥이 일어나길 기도하십시오.

PRAYER NOTE

DAY 30

하나님의 말씀과 함께하는 성령

**이는 우리 복음이 너희에게 말로만 이른 것이 아니라
또한 능력과 성령과 큰 확신으로 된 것임이라**(살전 1:5)

이것은 하늘로부터 보내신 성령을 힘입어 복음을 전하는 자들로(벧전 1:12)

이 세상에 성경책이 얼마나 많이 보급되고 있습니까? 또 얼마나 많은 설교가 행해지고 있습니까? 집과 학교에서 얼마나 많이 성경을 읽고 있습니까? 하지만 그것이 단지 말로만 끝난다면 그것이 무슨 축복이 되겠습니까? 그러나 그것이 하나님의 나라에서 내려오신 성령님 안에서 전해진다면 이 얼마나 큰 축복이요, 능력입니까?

많은 기도와 함께 성경의 보급과 설교와 가르침과 성경 읽기, 이 모든 것이 성령님 안에서 이루어지도록 기도하십시오. 당신 주위에서 하나님의 말씀을 읽을 때나 가르칠 때 말씀과 함께하는 성령의 능력을 위해서 기도하십시오. 하나님의 말씀이 전해질 때마다 기도가 깨어나게 하십시오.

# PRAYER NOTE

DAY 31

포도나무와 가지

나는 포도나무요 너희는 가지라(요 15:5)

내가 너희에게 행한 것같이 너희도 행하게 하려 하여 본을 보였노라(요 13:15)

우리는 포도나무와 그 가지처럼 그리스도의 영과 온전히 한 몸이 되어, 같은 본질, 그리고 같은 삶과 영을 가지고 있음을 알아야 합니다. 우리가 성령을 간절히 소망할 때, 능력의 영뿐 아니라 예수 그리스도의 성격과 천성도 생각해 봅시다. 하나님께 구한 것보다 적게 받을 것이라고 예상하지 마십시오. 당신 자신과 모든 하나님의 자녀를 위해서 기도하고, 예수 그리스도의 영을 간구하십시오.

PRAYER NOTE

A 31-DAY GUIDE TO PRAYER

기도를 계속하고
기도에 감사함으로 깨어 있으라(골 4:2)

부록

기도의 원리와 방법

하나님은 우리의 기도에 귀 기울여 응답하겠다고 약속하셨습니다.

사람과의 약속은 지켜지지 않을 수도 있지만, 하나님이 하신 약속은 천지가 없어져도 변하지 않는 말씀입니다. 이 굳건함을 알기에 혹 응답이 더디더라도 강력한 그리스도인을 소망하며 끊임없이 간구해야 합니다.

이 책을 끊임없는 간구를 위하여 사용하십시오. 다음에 소개된 기도의 원리와 방법 등을 천천히 읽어 보기를 바랍니다. 이 내용을 이미 잘 알고 있더라도 다시 한번 마음속에 새기면서 실천을 다짐하십시오.

이 책에 자신이 간구하는 바를 적고 그 기도가 응답받았는지, 응답받았다면 그때가 언제인지 하나님과의 대화를 늘 점검하기를 바랍니다. 응답받은 기도에는 감사함으로, 아직 응답받지 않은 기도에는 더 간절한 간구와 하나님의 뜻을 깨닫길 바라는 마음으로 임하십시오. 이 책에 적힌 간구들이 이루어져 하나님의 사랑과 능력을 체험했노라 경배하기를 소망합니다.

기도란?

기도의 본질

- 기도는 하늘에 계신 아버지 하나님과의 대화입니다.
- 기도는 하나님께 나아가는 거룩한 특권입니다.
- 그리스도인에게 있어 기도는 곧 생명입니다.
- 하나님이 세상에 행하고 계시는 모든 것의 출발점입니다.
- 모든 사역의 우선입니다.
- 예수님의 승리의 비결이자 성도들의 승리의 열쇠입니다.

기도의 원칙

- 하나님 아버지께 기도합니다.
- 예수님의 이름으로 기도합니다.
- 성령 안에서, 성령에 의해서 기도합니다.

매일 기도해야 하는 15가지 이유

1. 주님의 얼굴을 구하고 그분을 더 잘 알기 위해
2. 문제에서 눈을 들어 주님을 바라보기 위해
3. 하나님께 말씀드리기 위해
4. 마음의 짐을 벗기 위해
5. 하나님께 간구하기 위해
6. 하나님의 말씀을 듣기 위해
7. 고난에서 벗어나기 위해
8. 유혹에 빠지지 않기 위해
9. 고통에서 구원받기 위해
10. 하나님의 갚아 주심을 위해
11. 악에 대항하기 위해
12. 기쁨을 누리기 위해
13. 하나님께 가까이 가기 위해
14. 마음의 상처를 치유받기 위해
15. 평안을 얻기 위해

기도할 때 생기는 7가지 능력

1. 하늘의 보좌와 직접 통할 수 있는 능력

하나님은 하늘 보좌 위에 계시지만 우리는 기도를 통해 하나님이 계신 곳에 천사나 천사장같이 즉시 나아갈 수 있습니다.

2. 하나님과 협력할 수 있는 능력

하나님은 자신의 절대적인 목적 중 많은 것을 일부러 우리의 도움을 힘입어 성취하시는 방법을 택하셨습니다. 우리는 하나님과 협력할 수 있는 자유와 특권과 공적인 지위를 가지고 있습니다.

3. 사탄에 대항하여 이길 수 있는 능력

기도는 사탄의 계획을 무효로 할 수 있으며, 사탄의 세력이 공격해 와도 능히 견뎌 내게 합니다.

4. 자연법칙을 초월할 수 있는 능력

기도는 자연법칙을 초월할 수 있습니다. 기도는 인간이 절체절명의 위기에 놓여 있을 때 하나님의 기적적인 응답을 불러일으킬 수 있기 때문입니다.

5. 천사들의 도움을 받을 수 있는 능력

우리가 하나님이 권면하시는 대로 우리의 임무를 다하고 기도하면, 하나님은 자녀들을 보호하기 위해 기쁜 마음으로 역사하십니다.

6. 산을 옮길 수 있는 능력

하나님은 그분의 자녀들이 어려움이라는 산에 직면했을 때 그 산을 옮기기를 기대하십니다. 단, 산을 움직이는 일은 오랫동안의 기도와 금식이 필요하다는 사실을 말씀하셨습니다.

7. 축복할 수 있는 능력

기도는 축복에 이르는 길이며 다른 사람에게 축복을 베풀 수 있는 최대의 수단입니다. 즉, 기도는 다른 사람을 축복할 수 있도록 하나님이 주신 선물입니다.

어떻게 기도할까?

기도하려고 눈을 감아 보지만, 무엇을 위해 기도해야 할지 몰라 기도를 짧게 끝내는 경우가 많습니다. 단지 짧은 기도라고 해서 문제 될 것은 없지만, 다음에 제시된 두 가지 방법을 사용하여 지경을 넓혀 기도한다면 좀 더 풍성하고 균형 잡힌 기도 생활이 될 것입니다.

손가락 기도

1. 엄지손가락을 손꼽으면서 _ 엄지손가락은 심장에서 가장 가깝습니다. 먼저 자신 그리고 가장 가까운 가족들과 친구들을 위해 기도하십시오.
2. 집게손가락을 손꼽으면서 _ 집게손가락은 무엇인가를 가리킬 때 쓰입니다. 교회나 학교에서 진리를 가르쳐 주는 분들, 고민을 들어 주고 이끌어 주는 사람을 위해 기도하십시오.
3. 가운뎃손가락을 손꼽으면서 _ 가운뎃손가락은 가장 긴 손가락입니다. 각 부분에서 자신을 이끌어 주는 지도자들과 교회와 나라의 각종 분야에서 책임을 맡은 분들을 위해 기도하십시오.
4. 약손가락을 손꼽으면서 _ 약손가락은 가장 힘이 없는 손가락입니다. 아픈 사람, 곤란과 고통 중에 있는 사람들을 위해 기도하십시오.
5. 새끼손가락을 손꼽으면서 _ 새끼손가락은 가장 작은 손가락입니다. 학대당하거나 아무도 알아주지 않는 사람들을 위해 기도하십시오.

요일별 기도

1. 주일에는 _ 예배, 성도, 교회의 공동체, 목회자, 가난한 자, 우상 타파, 맡겨진 사역 등 교회를 위해 기도합니다.
2. 월요일에는 _ 이스라엘, 북한, 중국, 이슬람 국가 등 복음 제한 지역, 분쟁 지역, 굶주린 지역 등 세계 선교를 위해 기도합니다.
3. 화요일에는 _ 일터와 학업 등 자신의 주된 역할을 통한 비전 성취를 위해 기도합니다.
4. 수요일에는 _ 민족 복음화, 낙태, 학대받는 어린이들, 외국인 근로자들, 음란, 마약, 뇌물, 탈세 등 국가를 위해 기도합니다.
5. 목요일에는 _ 청년 실업, 기업인들, 투기 등 경제와 안보, 남북통일, 문화, 환경, 교육 등 민족을 위해 기도합니다.
6. 금요일에는 _ 이웃의 거룩, 긍휼, 믿음, 병 고침, 축복을 위해 기도합니다.
7. 토요일에는 _ 자신, 가정과 친척을 위해 기도합니다.

기도 생활을 위한 지침

1. 방해받지 않고 기도할 수 있는 장소를 물색하십시오.
2. 집중할 수 있는 시간을 정하십시오.
3. 하나님의 말씀을 섭취하는 것으로 기도를 시작하십시오.
4. 기도할 때 필요한 성경 구절들을 암기하십시오.
5. 미리 기도 제목들을 기록하고 기도 노트와 필기도구도 준비하십시오.
6. 기도에 도움이 되는 찬양 테이프를 준비하거나 찬송을 부르십시오.
7. 참고가 될 만한 경건 서적, 기도, 성령 등에 관한 책을 준비하십시오.
8. 기도가 잘 안 될 때는 예수님이 직접 가르쳐 주신 완벽한 기도, 주기도문을 음미하며 기도하십시오.

ACTS 기도

깊은 기도 생활을 위해 다음의 네 가지 사항을 꼭 포함하십시오.

- 찬양(Adoration)
- 자백(Confession)
- 감사(Thanksgiving)
- 간구(Supplication)

기도를 위한 성경 구절

- 죄 용서를 비는 기도 _ 시 19:12-13, 51:1-10
- 성경 읽을 때 축복을 간구하는 기도
  _ 시 119:15-16, 18, 97, 103-105
- 하는 일에 축복을 베풀어 주시기를 소망하는 기도
  _ 시 90:16-17
- 하나님의 약속의 성취를 간구하는 기도
  _ 삼하 7:25-26, 28, 시 119:81-82, 162
- 인도하심을 간구하는 기도
  _ 시 5:8, 25:4-5, 31:3, 43:3, 86:11
- 마음을 살펴 주시기를 비는 기도
  _ 시 26:2-3, 139:1-10, 23-24
- 하나님을 갈급해 하는 기도
  _ 시 42:1-2, 61:1-5, 63:1-8, 84:1-2
- 하나님께 기도를 들으시고 도와주시기를 간구하는 기도
  _ 느 1:5-6, 시 5:1-2, 17:1, 19:14, 27:8-9
- 하나님을 향한 사랑의 기도 _ 시 139:17-18
- 개인의 성장을 위한 기도
  _ 롬 12:1-2, 엡 3:16-21, 4:12-16, 빌 1:10-11, 3:12-15
- 영적 부흥을 위한 기도
  _ 시 85:6-7, 사 43:18-19, 44:2-3, 51:8, 54:2-4, 55:6-13

사명선언문

너희가 흠이 없고 순전하여……세상에서 그들 가운데 빛들로
나타내며 생명의 말씀을 밝혀 _ 빌 2:15-16

1. 생명을 담겠습니다
만드는 책에 주님 주신 생명을 담겠습니다.
그 책으로 복음을 선포하겠습니다.

2. 말씀을 밝히겠습니다
생명의 근본은 말씀입니다.
말씀을 밝혀 성도와 교회의 성장을 돕겠습니다.

3. 빛이 되겠습니다
시대와 영혼의 어두움을 밝혀 주님 앞으로 이끄는
빛이 되는 책을 만들겠습니다.

4. 순전히 행하겠습니다
책을 만들고 전하는 일과 경영하는 일에 부끄러움이 없는
정직함으로 행하겠습니다.

5. 끝까지 전파하겠습니다
모든 사람에게, 땅 끝까지, 주님 오시는 그날까지
복음을 전하는 사명을 다하겠습니다.

서점 안내

광화문점	서울시 종로구 새문안로 69 구세군회관 1층 02)737-2288 / 02)737-4623(F)
강남점	서울시 서초구 신반포로 177 반포쇼핑타운 3동 2층 02)595-1211 / 02)595-3549(F)
구로점	서울시 동작구 시흥대로 602, 3층 302호 02)858-8744 / 02)838-0653(F)
노원점	서울시 노원구 동일로 1366 삼봉빌딩 지하 1층 02)938-7979 / 02)3391-6169(F)
분당점	경기도 성남시 분당구 황새울로 315 대현빌딩 3층 031)707-5566 / 031)707-4999(F)
일산점	경기도 고양시 일산서구 중앙로 1391 레이크타운 지하 1층 031)916-8787 / 031)916-8788(F)
의정부점	경기도 의정부시 청사로47번길 12 성산타워 3층 031)845-0600 / 031) 852-6930(F)

인터넷서점 www.lifebook.co.kr